1000 dessins et gribouillages

Conception et illustrations :
Ruth Russell et Laura Hammonds

Rédaction : Kirsteen Robson et Phil Clarke
Traduction : Véronique Duran

Ces 12 lézards ont besoin de queues courbées
et de marques pour les différencier.

Crée un joli dessin fleuri en dessinant des fleurs, des feuilles et toutes sortes de gribouillages.

Transforme 11 carrés et rectangles ordinaires en quelque chose d'original.

Ajoute des écrous, des boulons, des fils de fer et des tubes pour fabriquer une superbe machine. À ton avis, à quoi sert-elle ?

Ces 41 cadres ont besoin d'une image.

Bonbons ou coulis ? Garnis ces 8 glaces et décore les cônes.

Transforme ces 10 châteaux de sable en de véritables œuvres d'art.

De nouveaux timbres ont été commandés. Il en reste 17 à créer.

Voici 10 ovales ordinaires, ou une foule d'extraterrestres farfelus ?

Quels étranges chargements peuvent
bien transporter ces 10 camions ?

Il y a tellement de choses à faire... 17 pour être exact. Mais quelles sont-elles ?

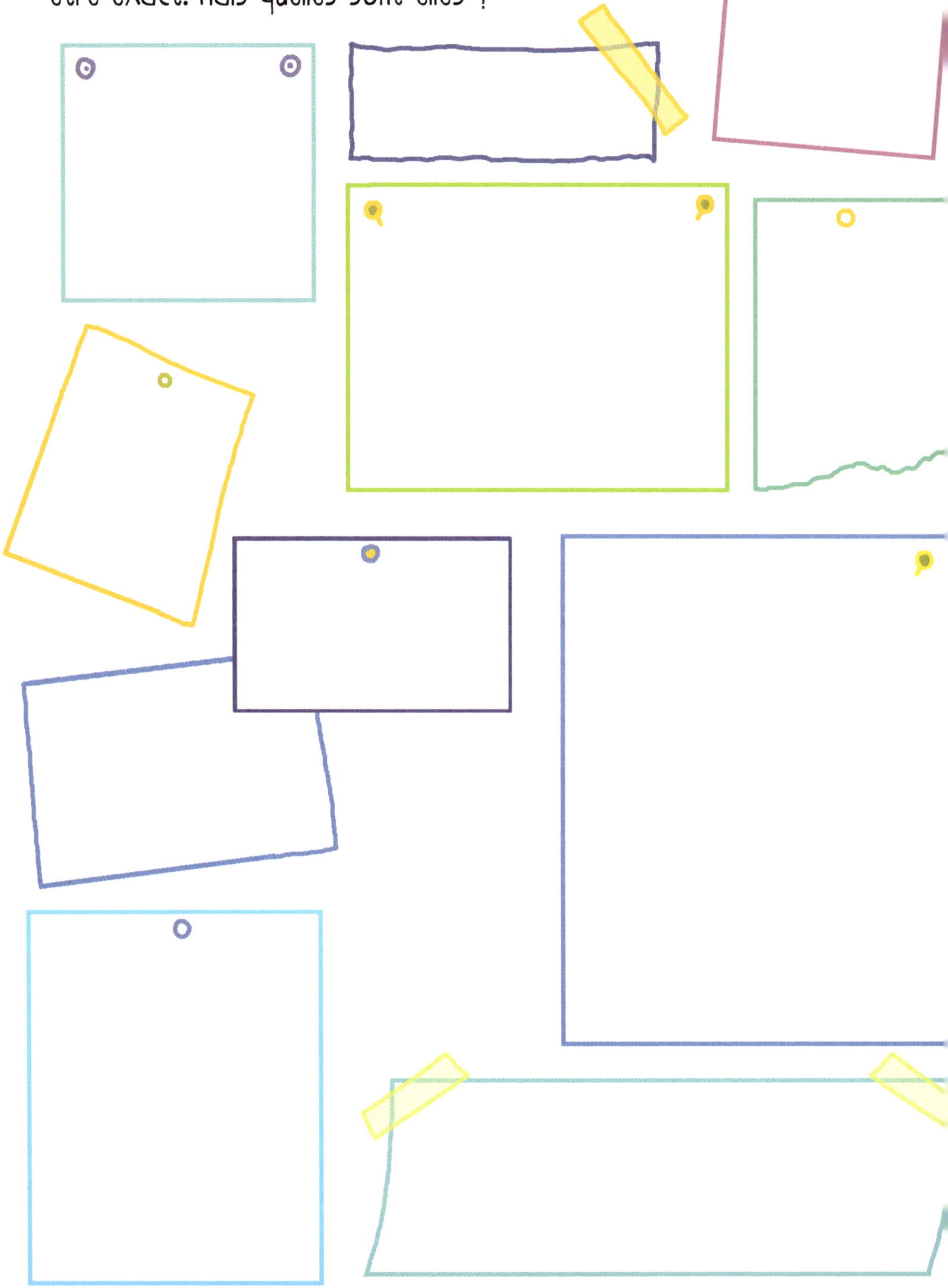

NE PAS OUBLIER
NOURRIR
LE

Desssine 7 autres scarabées en ajoutant des yeux, des pattes, des antennes et des marques.

Voici 9 bocaux vides et un monde de friandises parmi lesquelles choisir !

Ajoute 8 nouveaux bateaux et termine les autres.
Tout le monde à bord !

Dessine d'autres jolis poissons et algues ondulantes pour créer un lagon secret.

7 tasses à thé ont besoin d'être élégamment décorées.

N'oublie pas non plus
de décorer la théière.

Parmi ces cadeaux de Noël, 3 sont déjà prêts, 22 restent à décorer.

Ajoute quelques touches finales pour terminer ces 9 bonshommes de neige.

7 pingouins frileux ont oublié de mettre leurs habits d'hiver. Peux-tu les aider ?

« Et le pied de haricot géant grandit... et grandit... et grandit... »

Dessine un tapis et un petit manteau de laine pour chacun des 7 chats.

L'inspiration vient en brodant.
Décore ces 10 carrés de tissu.

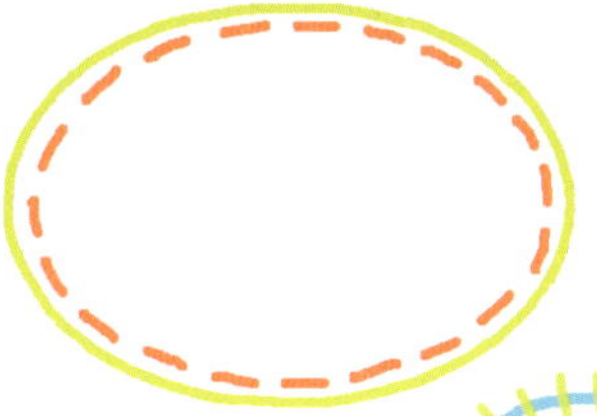

Voici 15 horloges à décorer ou à terminer.

XII
I
II
III
IIII
V
VI
VII
VIII
IX
X
XI

Dessine 8 petits oiseaux à l'intérieur de leur cabane.

Remplis les 8 assiettes de délicieuses choses à manger.

Voici 18 petits gâteaux qui ont besoin d'être décorés.

Ajoute des motifs aux drapeaux unis, puis dessines-en d'autres sur les ficelles vides.

5 montgolfières flottent dans la brise d'été...

Ce camping est complet. Ajoute les autres tentes.

Ces 29 souris ont besoin de vêtements. Certaines ont même besoin d'oreilles, de pattes et de queue.

Imagine ce qui se passe derrière ces 12 fenêtres.

C'est l'heure du thé chez le Chapelier fou, mais 8 invités ne sont pas encore prêts. Peux-tu leur dessiner un chapeau ?

Que contient la boîte à objets perdus cette semaine ?

Ajoute 6 autres articles égarés.

Il y a tout juste assez de place pour dessiner 10 autres spirales carrées.

Sssept (7) autres ssserpents ont besoin de motifs sur leur peau.

Décore ces 22 cartes et étiquettes blanches à ton idée.

Dessine 10 petits têtards en train de frétiller dans les algues.

Décore 7 paires de chouettes chaussettes.

Transforme ces 5 insectes ordinaires en de fabuleux papillons.

Coiffe ces 14 tortues de chapeaux chics
et habille élégamment leur carapace
pour leur donner de l'allure.

12 autres passagers viennent de monter à bord du bus rouge.

Qui sont-ils, et où sont-ils assis ?

Ajoute 6 autres avions acrobates au spectacle.

Dessine des drapeaux décoratifs pour 9 pays.

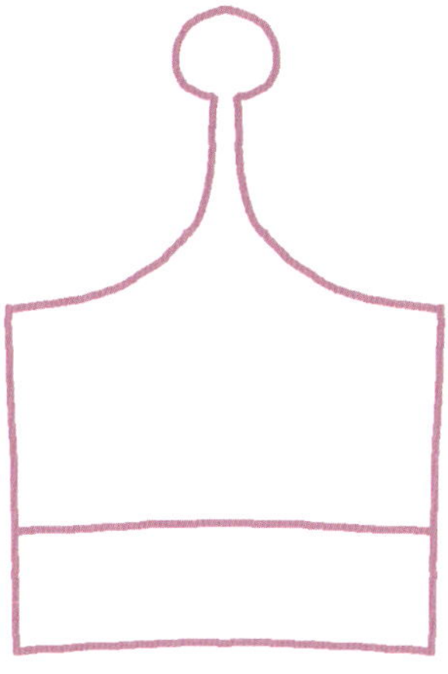

Dessine d'inestimables joyaux
et de superbes pierres précieuses
pour créer 5 autres couronnes royales.

Ajoute des détails aux 7 chouettes inachevées, puis dessines-en 4 autres.

Dessine une énorme nuée de chauves-souris dans le ciel étoilé.

Dessine un fond d'écran sur les 5 téléphones vides.

Ces 8 clés ont besoin de porte-clés très originaux.

Dessine un essaim d'abeilles affairées autour des fleurs.

Dessine une invasion de coccinelles et autres petites bestioles à rayures et à pois.

Ajoute 10 autres objets au trésor des pirates.

Regarde ce que la mer a rejeté sur le rivage aujourd'hui.
Dessine 20 coquillages de plus sur le sable.

Ajoute 10 autres lignes de motifs farfelus.

Peux-tu dessiner 3 jolis pots pour ces belles fleurs épanouies...

... puis arranger quelques fleurs fraîches dans ces 3 vases décorés ?

Ajoute quelques engins spatiaux, planètes et étoiles pour créer un grand décor céleste.

Continue cette voie de chemin de fer et ajoute 8 autres choses
que tu pourrais voir si tu prenais le train sur cette route.

Ajoute de nombreux autres triangles les uns à côté des autres pour créer un énorme dessin géométrique.

Ça tourne, et ça tourne, et ça tourne... Continue la ligne jusqu'à ce que tu atteignes le milieu de la page.

Complète ces 6 voitures pour qu'elles fonctionnent en toute sécurité.

Les ouvriers n'ont pas terminé leur travail. Peux-tu achever la maison ?

6 lapins blancs et une boîte de crayons... Que vas-tu en faire ?

Invente 4 motifs pour changer le look de ton équipe.

Ajoute 8 autres araignées pour créer un décor effrayant.

Dessine 4 autres maisons perchées sur les hauteurs de la jungle.

Décore ces 5 sucettes de jolis tourbillons de sucre.

Décore élégamment ces 9 sacs puis dessines-en 2 de plus pour compléter la collection.

Peuple la mare en ajoutant d'autres nénuphars, roseaux et grenouilles timides.

Ajoute des détails sur les 4 oiseaux inachevés, puis dessines-en 4 autres pour se joindre à la volée.

Il fait du vent, idéal pour un concours de cerfs-volants. Mais 6 candidats ont besoin d'aide pour décorer leur cerf-volant.

Décore les pois.

Arrose ces 9 parapluies d'une pluie de motifs.

À cette période de l'année, le chenil déborde d'activité. Dessine 4 autres invités canins et de la pâtée dans chaque gamelle vide.

Dessine 5 autres animaux des bois pour tenir compagnie à la famille écureuil et à Ollie le hibou.

Les voitures se présentent au départ, mais 5 d'entre elles ne passeront pas l'inspection d'avant-course. Aide-les à se préparer pour la course.

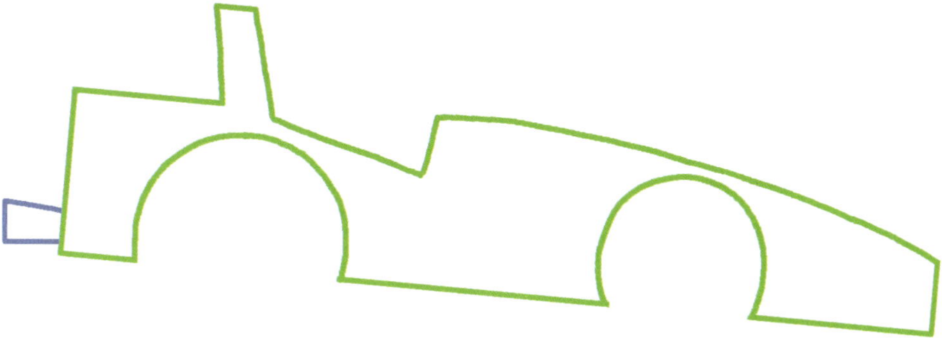

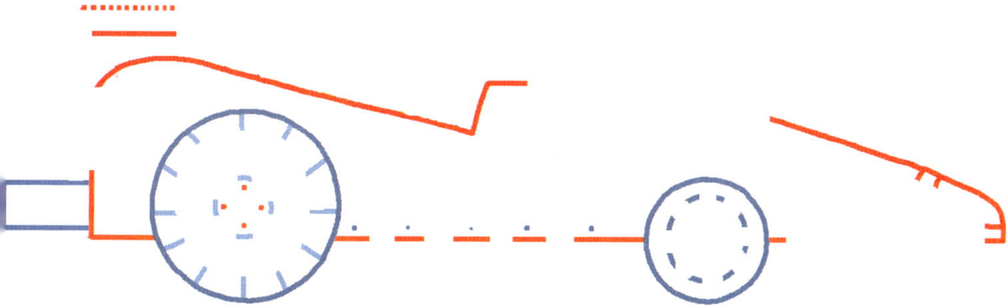

Dessine exactement 18 portraits pour la galerie des robots.

Dessine des taches et des motifs sur ces 3 girafes longilignes.

Fais ce que tu veux de ces 7 cercles.

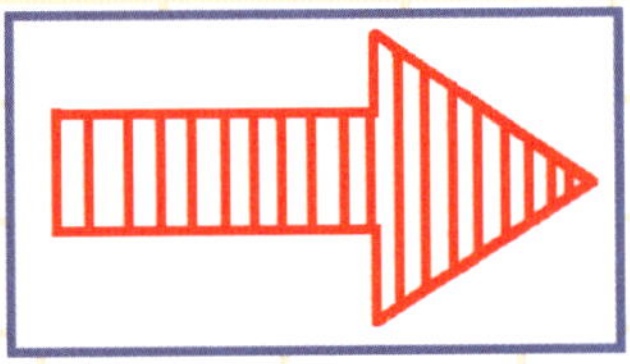

Remplis les 14 affiches blanches avec tes propres images ou textes

EXPO
CANINE
Samedi 14 h

Peux-tu dessiner un motif de patchwork différent sur les 15 hexagones vides ? (Tu peux aussi ajouter des points de couture entre eux.)

10 de ces bagages ne sont pas très élégants : peux-tu y remédier ?

Salut ! Nous avons besoin de 9 autres pirates pour compléter notre équipage.

Dessine 21 autres ancêtres dans la galerie.

Cot-cot-codêêêêt ! Complète la basse-cour.

Plante des légumes verts dans le potager et ajoute quelques lapins coquins.

Ajoute 5 autres petits crabes et 6 algues sinueuses pour compléter ce décor marin.

Ajoute 9 autres étoiles de mer de tailles complètement différentes.

Décore les 5 trousses unies avec tes crayons.

Que cet univers se remplisse d'étoiles étincelantes et de planètes mystérieuses...

Sers-toi de tes crayons pour transformer ces cercles en 13 superbes fleurs.

Que se passe-t-il ici ? Est-ce un concert, un match de tennis, ou un concours de puces sauteuses ? À toi de voir.

Puis choisis les expressions que les visages des 30 autres spectateurs devraient afficher.

Une fois terminée, cette ville s'étendra à perte de vue...

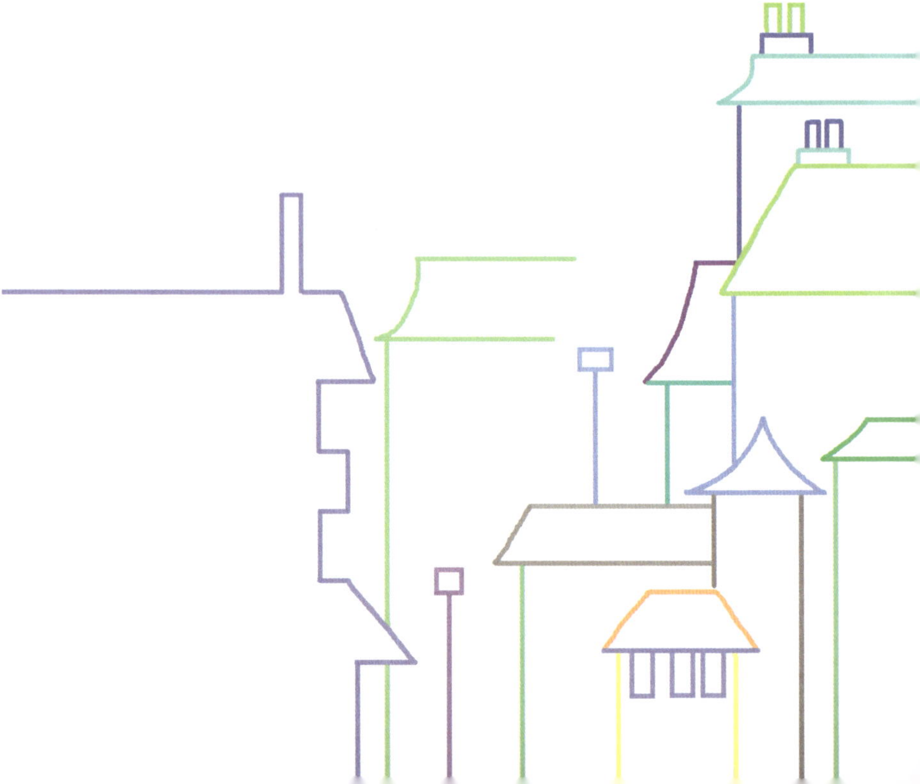

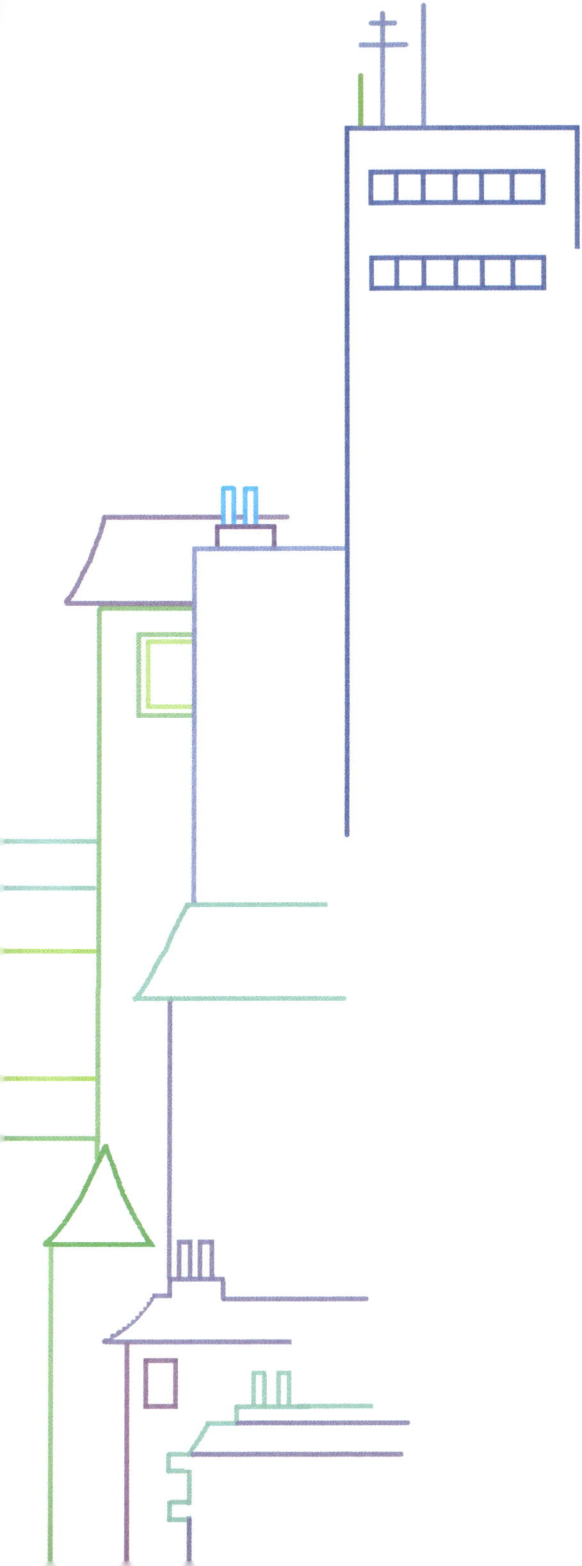

À quoi pourraient ressembler les autres animaux ?

61 paires de perles ont besoin de motifs originaux.

Dessine 7 paires de chaussures farfelues et branchées.

Continue ce gribouillage sur le reste de la page, puis remplis-le des motifs les plus fous qui te viennent à l'esprit.

L'architecte n'avait plus d'inspiration pour les 11 dernières maisons de ce lotissement. Peux-tu l'aider, et faire aussi un peu de jardinage ?

19 hérissons ont besoin de piquants
et de motifs – certains ont même besoin d'yeux, de museau et de pattes.

Ajoute des détails à ces 8 masques. N'oublie pas les trous pour les yeux.

Remplis ces 3 flacons des ingrédients les plus dégoûtants qui te viennent à l'esprit.

Remplis l'assiette en ajoutant 5 fruits différents.

Dessine 20 autres délicieux en-cas.

Voici 7 grenouilles sauteuses ravies d'être vertes.
Ajoutes-en 10 autres pour arriver à 17.

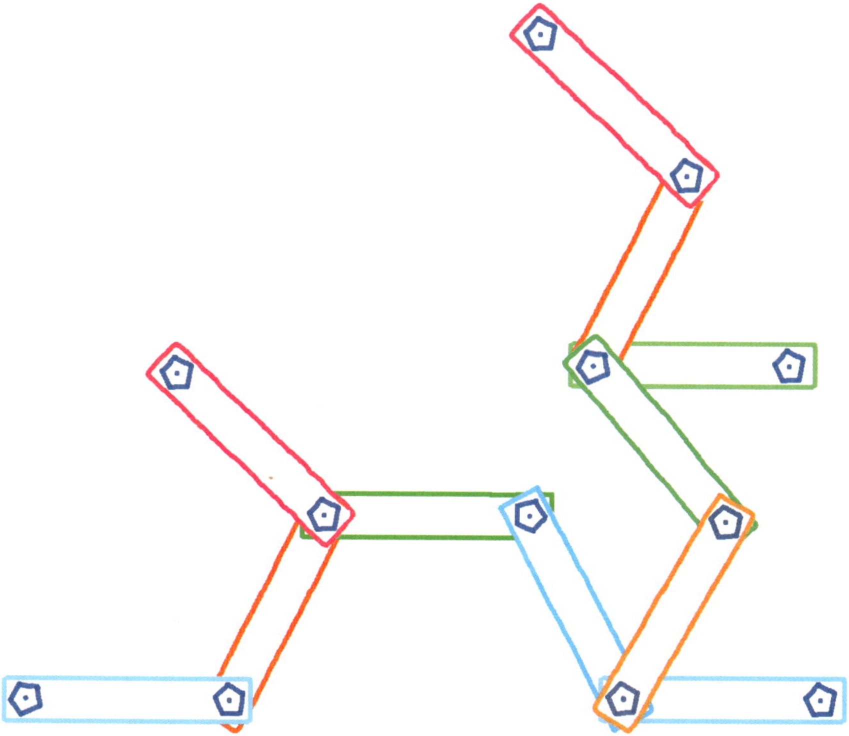

Agrandis cette construction en ajoutant le plus de pièces possible.

Les visages de 10 enfants de la classe ne sont pas très expressifs...

7 cartes postales ont besoin d'un dessin.

Chut ! Termine les 7 chats endormis sans les réveiller.
Ensuite, dessine 5 autres chats dans leur panier.

Ajoute des rayures et des points de couture aux deux écharpes inachevées, puis inventes-en 7 autres à partir des aiguilles restantes.

Voici 11 moulins à vent qui ont besoin de fenêtres,
de portes et, bien sûr, d'ailes.

Bêêêêêê ! Transforme ces 17 petits nuages en moutons.

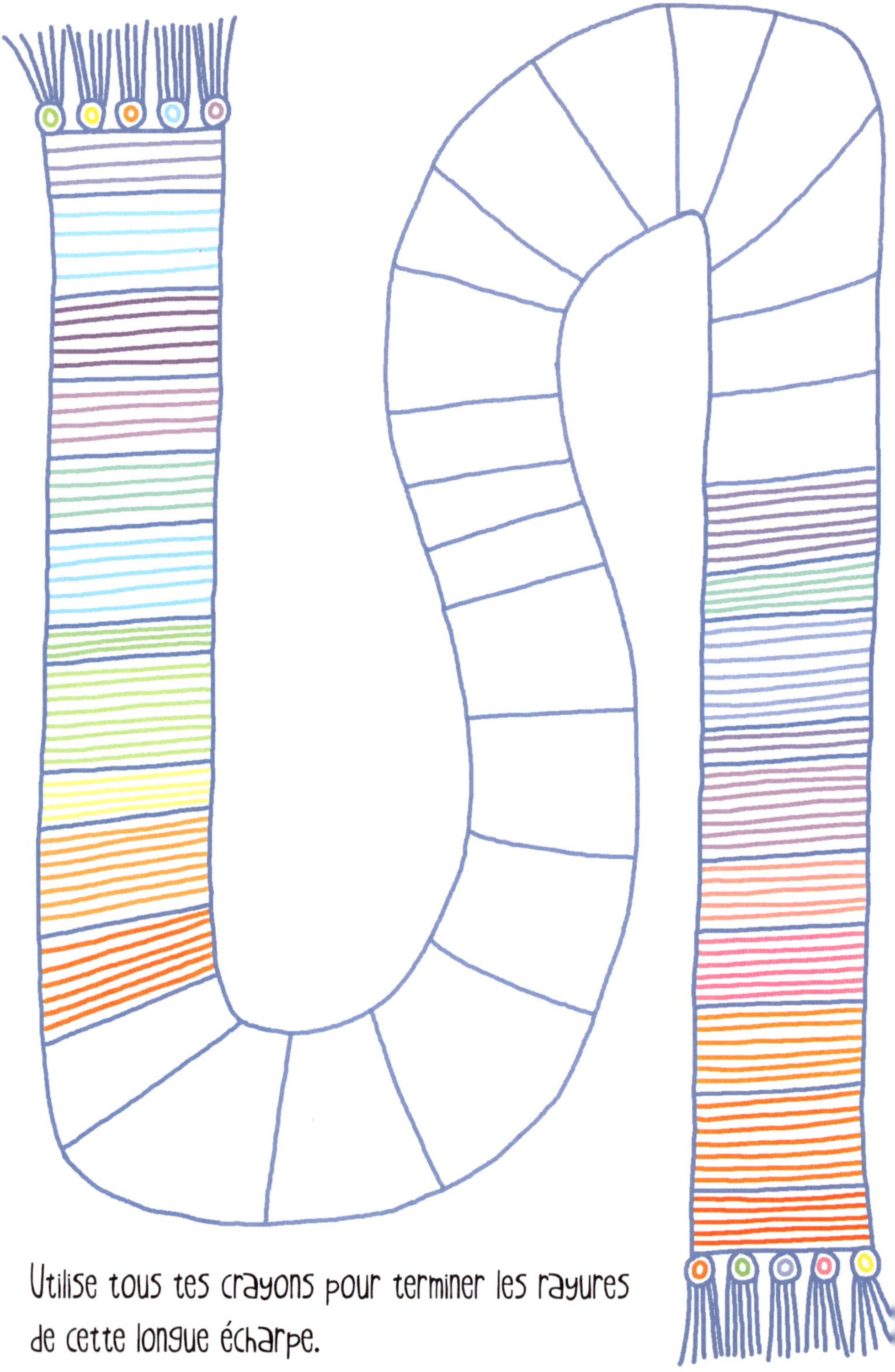

Utilise tous tes crayons pour terminer les rayures de cette longue écharpe.

Ce robot veut inventer une machine. Peux-tu lui donner un coup de main ?

En dessinant autour de ces yeux, tu feras apparaître 6 fantômes.